AF232255

RÉCLAMATION

CONTRE

UNE SPOLIATION,

PAR DEUX OFFICIERS

A DEMI-SOLDE.

Étouffer n'est pas payer.

PARIS.

1816.

RÉCLAMATION

CONTRE

UNE SPOLIATION.

« LE Roi, dans la monarchie représentative, est
» une divinité que rien ne peut atteindre ; inviolable
» et sacrée, elle est encore infaillible ; car s'il y a
» erreur, cette erreur est du Ministre et non du Roi.
» Ainsi on peut tout examiner sans blesser la Majesté
» Royale ; car tout découle d'un ministère respon-
» sable.

» Quand donc les ministres alarment des sujets
» fidèles, quand ils emploient l'autorité du Roi
» pour faire passer de fausses mesures, c'est qu'ils
» abusent de notre ignorance. » (*Extrait d'un Ou-
vrage très-connu des Ministres.*)

A.

Ce dernier paragraphe est absolument notre his-
toire ; depuis long-temps, depuis très-long-temps,
des administrateurs, des conseillers d'Etat, des mi-
nistères, ont cherché et cherchent encore à nous
étouffer, au nom du Prince et contre sa volonté.
Leur opiniâtreté les aurait fait réussir, si notre caractère ne nous avait placés au-dessus des atteintes
de leur despotisme.

C'est ce caractère qui nous a soutenus pendant
douze ans d'adversités non méritées ; c'est notre honneur qu'on n'a pu nous ravir comme notre fortune,
qui nous forcent aujourd'hui de prouver à nos familles ruinées, à nos créanciers, aux personnages
distingués dont l'amitié et la considération nous ho-
norent, à nos camarades *et à tous les honnêtes gens*,
que nos désastres ne sont point le fruit amer d'une
folle conduite, que nous avons été dépouillés et ruinés
de la manière la plus révoltante, pendant que nous
étions aux armées ; et cela, par suite d'un système hon-
teux de spoliation qui existe, et rampe encore dans la
poussière d'un ministère qu'il infecte, et d'où il cher-
che à se glisser jusqu'au Conseil du Roi.

Décidés à attaquer le Ministère de la marine, avec
le courage et la franchise de gens qui ne craignent
rien, parce qu'ils ne se reprochent rien ; nous devons déclarer avant tout, que nous avons la plus
haute vénération pour le ministre de SA MAJESTÉ
et pour le caractère personnel de S. Exc. Nous sa-

vons comme toute la France, que son amour et son dévouement pour le Roi sont éprouvés, que sa vie entière est irréprochable, et que son horreur pour le despotisme dont nous sommes les victimes, est trop prononcée pour qu'il puisse en approuver les actes odieux auxquels il fut et devait être, par son honorable caractère, totalement étranger.

Mais, en revanche, que de gens dont la conscience est d'une susceptibilité désespérante.... Quand on se plaint de spoliation, ils croient qu'on veut les attaquer; s'ils entendent crier au voleur, ils se retournent et ne pardonnent jamais l'effroi qu'on leur a causé.

Abandonnons - les momentanément aux réflexions que peut leur suggérer leur susceptibilité, pour nous reporter un instant à notre arrivée de la campagne de Russie, dans les premiers mois de 1813.

On se rappelle dans quel équipage déplorable en sont revenus ceux... qui en sont revenus.... Il nous était impossible d'attendre le paiement, fort incertain, des *indemnités de pertes* qui nous était dues. Nus, blessés, malades et souffrans, il nous fallait des secours prompts et considérables.

Nous avions laissé avant notre départ pour l'armée, une procuration à **M.** Cotentin, banquier, pour toucher du Trésor 160,000 f. pour la valeur et surrestaries du navire américain *The-Two-Sisters*, pris par les Anglais en évacuant les troupes françaises de la place du Cap-Français.

A 2

Cette réclamation était tellement fondée, toutes les pièces à l'appui tellement régulières et légales que nous n'avions pu douter un instant du succès.

Ce navire Américain, *à qui l'art. 6 de la capitulation du Cap accordait de sortir librement et sans molestation*, avait été pris par les Anglais, pour avoir obéi à une réquisition d'urgence, dont l'objet était de faciliter l'évasion de plusieurs centaines de militaires français, tous prisonniers de guerre.

Les propriétaires s'étaient ruinés et endettés pour acheter, par ordre, des vivres, dans une place affamée, pour une énorme quantité de passagers.

Nous apprîmes, à notre retour, qu'un co-intéressé que nous avions laissé à Paris était mort dans la misère et le désespoir, et que notre fondé de pouvoir (Cotentin) avait été assassiné.

Leur mort ayant précédé la décision de la Commission de liquidation, nous eûmes d'abord quelqu'inquiétude d'avoir été jugés sans être entendus ni représentés, dans un moment où on pouvait d'ailleurs croire que nous ne reviendrions jamais pour réclamer ; mais nous nous reprochâmes bien vîte un mouvement d'inquiétude auquel nous avions momentanément cédé, et nous dûmes en effet penser que des Conseillers d'État dont on vantait la probité, les lumières, le patriotisme, sauraient accorder avec l'équité et le bien de l'État, l'intérêt qu'ils ne pouvaient refuser à ceux qui étaient appelés à sa défense.

A peine rétablis, nous nous rendons au Ministère de la marine ; on nous indique le bureau des créances de Saint-Domingue, et nous voici devant un Employé.

— Nous vous prions, Monsieur, de vouloir bien nous donner connaissance de la liquidation du navire américain *The-Two-Sisters*.

— Toutes les réclamations pour des navires français, employés à l'évacuation du Cap, sont *rejetées*.

— Mais ce navire était américain ?

— Cela est *rejeté*.

— Mais que cela soit rejeté ou non, le payement du fret de ce navire n'en est pas moins dû ?

— Cela est *rejeté*.

— Mais le payement des vivres achetés par ordre, et fournis aux passagers du Gouvernement ?

— *Rejeté. C'est une affaire terminée.*

Nous devons avouer que si nous fûmes surpris et indignés d'une iniquité aussi monstrueuse, nous fûmes presque désarmés par les formes honnêtes et l'air d'intérêt que celui qui était obligé de nous faire ces réponses, paraissait prendre à notre position.

Lors, un de nous ajouta :

— Monsieur, j'avais un intérêt sur le brick *les Trois-Amis* de Brest, pris à Saint-Marc....

(Il allait encore dire, par habitude : Rejeté ;
mais il se reprit, et dit :)

— Il est le seul qui ait été payé : il a été alloué
pour ce bâtiment une somme de 36,000 fr.

— Je n'étais propriétaire que du quart de ce navire, ce qui ne me produira que 9,000 fr. ; c'est fort
peu de chose, mais enfin voulez-vous bien me délivrer l'Ordonnance de paiement.

— Monsieur, je vous annoncerai avec peine qu'il
ne vous revient rien ; on a retenu au contraire sur le
paiement de ce navire une somme de 18,000 fr. pour
des avaries mises à votre charge.

— Je ne sais, Monsieur, de quelles avaries vous
me parlez, et pour lesquelles on me retient 18,000 fr. ;
mais comme il ne pouvait m'en revenir que 9000 fr.,
on a donc fait payer 9,000 fr. pour mon compte à mes
co-intéressés sur ce bâtiment.

— *C'est une affaire terminée.*

— Terminée pour le Gouvernement, qui, à ce que
je vois, paye s'il veut, et comme il veut ; mais pour
moi, elle ne l'est pas ; en me dépouillant totalement
de la manière la plus inique, on m'a créé un créan-
cier pour la somme de 9,000 fr. qui lui a été, sans
raison et sans droit, retenue pour mon compte ; il faut
maintenant que je m'acquite envers lui.

— *C'est une affaire terminée.*

— Puis-je vous demander maintenant, Monsieur, où on a pu trouver, comment on a pu imaginer que je devais 18,000 fr. pour des avaries ?

— Monsieur, on vous a reconnu débiteur pour avaries, d'une somme de. . . . . 47,000 fr.
pour trop reçu à Saint-Domingue. 7,000

Total. . . . . 54,000 fr.

On a annulé des traites à votre ordre
pour. . . . . 36,000 fr.

On a retenu sur le paiement du brick
les Trois-Amis. 18,000

Somme pareille. . . . . . , ... 54,000 fr.

Partant : *c'est une affaire terminée.*

— Monsieur, tout ce que vous me dites là prouve qu'on termine les affaires très-lestement en France, sur-tout quand les parties sont absentes ; mais cela ne me prouve pas aussi bien que je doive au Gouvernement une obole des 54,000 f. qu'on m'a si arbitrairement retenus, ou plutôt volés !....

A ce mot.... il devint plus communicatif : *c'est une affaire terminée, on ne peut plus revenir, on a prononcé.*

Nous retournâmes silencieusement chez nous, en réfléchissant sur cette singulière manière de liquider, et en maudissant ces intrigans ambitieux qui pour acquérir noblesse, rang, fortune, places et enfin to ce que leur bassesse appelait des grâces, se faisaient un jeu de réduire au désespoir d'honnêtes familles qu'ils ruinaient sans pitié.

Que dirait notre tailleur, disions-nous, si voulant nous libérer avec lui, à l'instar du Conseil d'état, en ne lui payant pas 160 fr. que nous lui devrions, nous allions lui en demander 54, prétextant un compte d'avaries, supposant qu'un habit a été taché par sa faute, et l'éconduisant avec ces mots : *c'est une affaire terminée.*

Au reste, ajoutions-nous, nous n'avons été ni représentés ni entendus; en bonne justice, on doit revenir sur cette affaire.

Nous retournâmes au ministère de la Marine, et nous relevâmes facilement toutes les erreurs et les iniquités des Commissions de liquidation et de revision. Notre bienveillant interlocuteur nous répéta :

— *On a prononcé, c'est une affaire terminée, on ne peut plus revenir.*

— Mais, Monsieur, on nous doit au moins copie des décisions qui nous concernent, pour que nous puissions faire quelques démarches avec connaissance de cause.

— *On ne peut plus revenir, on a prononcé, c'est une affaire terminée.*

Enfin, à toutes nos demandes, c'était la même phrase retournée, comme la déclaration de M. Jourdain ; *Vos beaux yeux, belle marquise, me font*

mourir d'amour, ou *belle marquise , d'amour
vos beaux yeux , mourir me font*, ou , etc.

Nous attribuâmes cependant un peu ces réponses
banales, à ce que le jeudi, jour d'ouverture des bureaux, la foule qui les remplissait, pouvait nous empêcher d'avoir un entretien plus suivi ; nous pensâmes
qu'étant créanciers d'une somme considérable, nous
pouvions obtenir un *laissez-entrer.*

Nous le demandâmes au Secrétaire-Général,

Par écrit : point de réponse ;

De vive voix : refus.

Nous adressions en vain pétitions sur pétitions;
aucune n'obtenait de réponse.

Nous demandâmes des rendez - vous à Son Excellence, nous ne fûmes pas plus heureux.

M. le comte Corvetto, ministre des finances, avait
présidé cette Commission de révision de la dette de
Saint-Domingue , qui nous avait si arbitrairement
dépouillés. Repoussés aussi cruellement par le Ministère de la marine, nous crûmes devoir adresser à
S. E. M^r. Corvetto, une lettre, dans laquelle nous lui
disions, entr'autres choses :

« Permettez-nous d'en appeler, aujourd'hui, du
» Conseiller d'Etat de Napoléon Bonaparte, au Mi-
» nistre-Secrétaire d'Etat des Finances du Roi
» Louis XVIII : invoquer votre justice contre vous-
» même, c'est faire l'éloge de votre caractère, c'est

» rendre, en même temps, le plus respectueux
» hommage à la majesté du Souverain que la France
» a enfin recouvré pour le salut et le bonheur de
» tous les Français.

» La Commission de *révision* dont Votre Ex-
» cellence était Président, a prononcé, contre nous,
» un jugement absurde, inique, opposé à toutes les
» lois de la justice, contraire à toutes les règles de
» la raison ; jamais plus graves erreurs ne furent
» commises par une *Commission* chargée de décider,
» au nom du *fisc*, de la fortune des citoyens ; jamais
» créanciers ne furent moins entendus, plus arbitrai-
» rement dépouillés que nous l'avons été ; la Com-
» mission a tout ignoré, tout méconnu ou tout violé ;
» les réclamants dont elle a jugé les intérêts, n'ont
» pu lui faire entendre leurs voix ; ils n'ont pas même
» été représentés auprès d'elle ; et néanmoins, la
» Commission a prononcé, sans balancer, le rejet
» d'une créance de 160,920 francs, dont le *fisc im-*
» *périal* se trouvait débiteur ; et néanmoins, la
» Commission a imposé aux victimes de sa propre
» ignorance, de ses propres erreurs, une dette de
» 47,162 fr. 25 c. : deux décisions, deux délits qu'il
» deviendrait impossible de caractériser, si....

» En vain essayerait-on de vous dire, de vous
» assurer même que ce qui a été décidé une fois,
» est décidé pour toujours ; que lorsqu'une Com-
» mission a prononcé, même *provisoirement*, son

» jugement fait loi, et qu'il serait impolitique de
» revenir sur un acte de haute administration, etc.,
» etc. etc. Un tel langage ne sera pas le vôtre,
» Monseigneur; car c'est celui de l'injustice et de
» la spoliation soutenues par le despotisme, etc. etc..

 » Ou rien dans le monde n'est prouvé, Monsei-
» gneur, ou il est maintenant prouvé que les récla-
» mants ont des titres et des droits incontestables à
» demander au gouvernement français la valeur et
» le montant du navire le *Two-Sisters*, ensemble
» du frêt, des vivres et des *surrestaries*; il est
» prouvé que le gouvernement *doit* ce prix et ce
» montant; car une dette légitime n'est éteinte que
» lorsqu'elle est acquittée; il est prouvé que les ré-
» clamants n'ont pas été entendus par la Commission
» de liquidation, et qu'ils n'ont pas été réprésentés
» auprès de cette Commission; il est prouvé que
» l'*avis*, les *proposition* et *révision* de la Commis-
» sion ont été contraires à toutes les lois, à tout
» principe d'équité, et aux engagemens formels que
» le gouvernement avait pris envers les réclamants;
» il est prouvé que M. *Crevel* n'est, ni ne peut être,
» dans aucun cas, passible d'*avaries*; il est prouvé
» qu'en condamnant *provisoirement* M. *Crevel* à
» payer lesdites *avaries*, sauf à prouver qu'elles ne
» provenaient pas de son fait, la Commission a pro-
» noncé un jugement inique; il est prouvé qu'elle a

» prononcé un jugement inique et absurde tout en-
» semble, en dépouillant un *tiers* (*M. Villemey*),
» parfaitement étranger aux intérêts de M. *Crevel*
» sur l'*Hector Daure;* enfin, il est prouvé que les
» réclamants ont été *arbitrairement* dépouillés de
» leur propriété légitime.

» Votre Excellence aura le courage de réparer
» une injustice commise par une Commission dont
» elle était Président : non-seulement cette Com-
» mission a opéré notre ruine, elle nous a mis en-
» core, en retenant les fonds qui nous appartenaient
» si légitimement, dans l'impossibilité de nous li-
» bérer envers nos créanciers; en sorte que notre
» existence et notre honneur exigent également que
» nous persistions, et que nous persistions *invaria-*
» *blement* dans nos réclamations.

Ce ministre nous répondit une lettre obligeante (1)
toute entière de sa main (la copie est ci-jointe); *il*
nous remerciait, etc.

---

(1)   *Paris, 22 mars* 1816.

» Messieurs, je vous remercie de la communication
» franche et loyale que vous venez de me faire de votre Mé-
» moire imprimé. Je l'ai lu avec le plus grand intérêt. Je me
» propose de prendre les ordres du Roi au sujet de la révi-
» sion que vous demandez : je me ferai un plaisir de vous
» informer du résultat.

» Si vos réclamations sont fondées, je me trouverai

Il fit plus ; il sollicita et il obtint un Ordre du Roi pour que le Comité contentieux eût à examiner s'il y avait lieu à réviser les deux décisions dont nous nous plaignons.

Un avocat aux Conseils fit pour nous une Requête au Roi, qui fut déposée au Comité du contentieux.

Cette requête prouvait sans réplique que les décisions qui nous ont dépouillés, sont un tissu de contradictions, d'erreurs et d'iniquités ; que la retenue qui nous a été faite de 47,000 francs est absurde, et n'est d'ailleurs que *provisoire*.

La requête est communiquée par le Comité du contentieux à S. E. le Ministre de la Marine ; mais à son arrivée dans les bureaux de ce ministère, le bruit qu'elle y fait, réveille une espèce d'Épiménide qui

---

» heureux d'avoir pu contribuer à la réparation d'une in-
» justice, qui, étant bien involontaire, ne me donnerait pas
». de remords, mais me laisserait toujours des regrets.

» Je vous prie, Messieurs, d'agréer les sentimens de ma
» considération la plus distinguée.

» *Signé* CORVETTO. »

NOTA. — Nous nous sommes permis de rappeler dernièrement cette lettre à M. Corvetto, en le priant de prendre à nos réclamations *un intérêt de conscience et d'honneur.* Sa réponse n'était plus renfermée dans un billet de sa main ; on n'y trouvait ni *grand intérêt*, ni *remords*, ni *regrets* ; c'était une lettre absolument ministérielle.

paraît n'avoir fait qu'un somme depuis l'an 1810.
Il paraît que le petit homme a le réveil mauvais,
qu'il est sujet à des boutades ; l'humeur l'aveugle : il
ne s'aperçoit pas, en s'éveillant, que nous sommes à
cent ans de quelques époques dont il se rappelle
trop, que tout a changé autour de lui, qu'il n'a plus
la même cocarde, et que son habit même a été re-
tourné deux ou trois fois :

> A le bien mesurer, il n'est pas haut, je crois,
> Comme son *écritoire*, et glapit comme trois.
> Ces petits avortons ont tous l'humeur mutine.

(RÉGNARD.)

Il salit les marges de notre Requête de notes anonymes (1), au crayon, qui toutes portent l'empreinte
du despotisme qui régnait en France au moment où il
s'endormit. Ces notes, mises évidemment à l'insçu
du Ministre, portent en substance, que pour des gens
ruinés, nous ne sommes pas assez polis; il trouve
indécent, *intolérable* que nous parlions de *spolia-
tions*, et que nous nous permettions de les prouver ;
il fallait dire sans doute :

> . . . . Vous *nous* fîtes, seigneur,
> En *nous* croquant beaucoup d'honneur.

---

(1) Nous avons eu connaissance de ces notes, qui parais-
saient être de deux mains différentes, lorsque la requête a
été renvoyée à M. Deliège, notre conseil. Nous répon-
drons à quelques unes de ces Notes à la fin de cette Réclamation.

Vous ne dormez plus, petit homme, mais vous rêvez encore ; sous un Roi juste, on permet de justes réclamations ; sous un despote, on fusille ; mais on sait ce que peut durer, eu France, le règne d'un despote. Laissez-nous croire à l'intention de S. M. *d'acquitter les dettes de l'Etat, comme un particulier honnête homme* ; permettez-nous d'admirer cette déclaration noble et loyale, qui exprime à la fois la pensée de sa politique et le vœu de son cœur.

Ces mots partis de très-haut, ne seraient-ils pas tombés jusqu'à vous ? Ne peut-on plus se plaindre de la spoliation et du despotisme, quand enfin le règne de la loyauté et de la justice est advenu ? Avouez de bonne foi, que pour un Grec, et pour un homme en place, vous ne montrez guère d'adresse ; car nous vous le disons entre nous, et même à l'oreille, vous avez calomnié les intentions justes et paternelles du Roi, et celles d'un ministre irréprochable, qui tout à fait étranger à la cause que vous défendez avec tant d'âpreté, pourrait bien ne pas approuver le *zèle intéressé* que vous y mettez.

Une lettre du ministère de la marine accompagne le renvoi de notre Requête au Garde-des-sceaux ; elle ne renferme point d'observations sur l'affaire des avaries qui, d'ailleurs, n'est que *provisoire* ; mais alors pourquoi nous a-t-on dit dans les bureaux, et pendant si long-temps, que c'était une *affaire terminée ?*

Comment a-t-on eu l'injustice de nous faire attendre trois ans et demi, sans vouloir revenir sur une *décision* qui n'était que *provisoire*, et qui avait achevé notre ruine, en nous enlevant arbitrairement 47,000 francs ?

On nous a retenu 47,000 francs pour des avaries ; nous joignons ici un extrait d'une lettre de l'Ordonnateur Perroud, adressée au Préfet colonial, le 11 thermidor an 11, que la Commission avait sous ses yeux quand elle a prononcé, et qui existait dans les Bureaux de la Marine quand nous sollicitions vainement de revenir sur cette décision, laquelle n'était que *provisoire* ; elle porte que ces avaries, fixées à 47,000 fr., pouvaient se réparer avec 600 francs !....

Extrait d'une Lettre de l'Ordonnateur Perroud au Préfet colonial de Saint-Domingue.

« Quant aux autres objets avariés dont je joins ici
» la note, je pense, Citoyen Préfet, *que leur répa-*
» *ration demanderait qu'il fût mis à la disposition*
» *du Commissaire de marine, garde-magasin gé-*
» *néral, une somme de six cents francs.* » (Dossier :
Hector Daure, Pièce quatorzième.)

En marge est écrit :

« A en conférer avec le capitaine général, dans
» mon travail de demain. »

Paraphé : M.

II

Il est encore bon qu'on connaisse la Note annon-
cée dans la lettre que nous venons de transcrire ; en
voici la copie :

« 8657 chapeaux.
»   286 capotes de drap.
» 1000 paires de bas.
» 1408 pantalons.
» 1580 baudriers.
» 2000 gibernes.
» 9000 paires de souliers.
» 5762 sacs de toile.
» 8660 petits bidons.
»   100 tentes en toile.
» Etc. (Dossier : Hector Daure, pièce
treizième.)

Nota. — Les 600 francs étaient demandés par
l'Ordonnateur pour la réparation de tous les effets
portés sur cette note ; et c'est pour l'avarie de 6987
chapeaux seulement qu'on a exigé 47,162 f.

Voilà ce qu'on appelait *une affaire terminée !*
Au reste, les employés des bureaux ne pouvaient
qu'obéir ; il leur était défendu de donner communication, ni extrait, ni copie de pièces (1). *Rejeté ;*

____

(1) C'est à nos questions réitérées, à des coups d'œils fur-
tifs sur les pièces, à notre mémoire, à des notes prises sur le
champ, et surtout à notre constance infatigable, que nous
devons ce que nous en avons connu.

B

cela est terminé ! voilà tout ce qu'il était permis de nous dire.

Pour ce qui concerne le *Two-Sisters*, l'avis du ministère est qu'il faut se garder de revenir sur l'ancienne décision, que *du contraire résulteraient les plus graves conséquences.*

Cet avis du ministère est fort *conséquent ;* car si on vient à examiner le fond de l'affaire du *Two-Sisters*, et qu'on y découvre (ce qui est indubitable) autant de turpitudes que dans celle des avaries, cela pourrait compromettre à la fin quelques personnages, et faire tomber plus d'un masque.

Cette honnête invitation de nous étouffer sans nous entendre, est trop opposée au caractère loyal et irréprochable du Ministre, pour ne pas en attribuer l'idée toute entière aux souvenirs et peut-être aux rêves de notre petit Grec.

L'iniquité prouvée des Commissions de liquidation et des bureaux du ministère dans l'affaire des avaries, doit faire présumer que celle du *Two-Sisters* n'en est point exempte ; mais craint-on de s'en assurer sous le règne du Roi !.... Quoi ! notre petit Épiménide a-t-il assez de crédit pour cela, ou n'est-il qu'un pantin qu'une main cachée et puissante fait mouvoir encore à son gré ?

Nous avons été dépouillés pendant que nous étions aux armées ; notre fondé de procuration avait été a sassiné ; nous n'avons été ni entendus, ni représentés ; nous prouvons aujourd'hui les erreurs, l'iniquité, les actes arbitraires de ceux qui ont prononcé sur nos réclamations : et on veut donner le caractère d'un jugement contradictoire à une absurde et inique décision, dont on n'a jamais osé nous délivrer ni extrait ni copie, et qui devait rester ensevelie dans un éternel oubli, comme le hideux procès des Templiers! *Superabundanti cautelá nemini exhibendum.*

Le ministère explique son véritable motif qui, s'il n'est pas fort équitable, est au moins assez naïf : il dit que *de la révision résulteraient les plus grandes conséquenecs*

Ce sont donc *les conséquences redoutees* qui font peuser au ministère qu'il faut maintenir l'ancienne décision, malgré le sens précis d'un décret, malgré l'ordre de S. M. et ses intentions, hautement prononcées, d'être juste.

Si nous n'avons pas été injustement dépouillés, le Conseil d'état confirmera et sans appel la décision portée contre nous, et tout cela se passera *sans conséquence.*

Si notre réclamation est trouvée juste, elle aura la *conséquence* redoutée par le ministère de la marine, celle de nous faire payer. Aussi, selon lui, plus nous avons droit à une révision, parce que nous avons été injustement dépouillés, moins on doit nous l'accorder, à cause *des conséquences.* Voilà ce qui s'appelle puissamment raisonner ; si ce n'est pas du Sophocle c'est de l'Epiménide tout pur.

(20)

C'est à peu près cela que Figaro, en définissant non pas la politique, mais l'intrigue, appelle *ennoblir la bassesse des moyens par l'importance de l'objet.*

Le ministère craint peut-être que si notre réclamation est admise, il ne s'en élève beaucoup d'autres ; cela peut être, et ce ne sera pas nous qui nous déclarerons les chevaliers de la Commission de révision pour soutenir à tout venant qu'elle n'a pas commis d'autres injustices.

Mais quoique cette crainte du ministère ne nous prouve pas du tout que nous devions nous résigner à supporter une injustice, nous ferons observer que la réclamation pour le navire américain *The-two-Sisters* est d'une espèce particulière.

Une Commission, qui par un seul arrêté, a rejeté en masse et d'une seule fournée, toutes les réclamations faites par nos maisons de commerce pour des navires français, mis en réquisition pour l'évacuation de la ville du Cap, n'a pas remarqué ou n'a pas voulu remarque que dans ce nombrer, il s'en trouvait un étranger que son pavillon américain eût exempté de la réquisition qui l'a fait confisquer par les Anglais, si le salut de 700 Français qui furent envoyés à bord, n'avait pas indispensablement exigé cette *mesure d'urgence.*

La commission, en prononçant ainsi, a ressemblé à cet homme qui pour débarrasser le champ de bataille, après un combat, enterrait morts et mourants ; elle nous croyait morts, nous voulons le croire ; mais à présent que nous assurons le ministère d'un ton assez franc et assez ferme, que nous ne sommes pas morts, pourquoi veut-il absolument nous enterrer ?

Ce navire The two-Sistirs était *Américain*, son pavillon était *neutre. Si l'on ajoute à cela :*

1°. Que ce navire avait été *estimé* par les agens du Gouvernement *pour le cas de force majeure*; que cette mesure conservatrice n'a eu lieu à Saint-Domingue que pour deux navires seulement, le *Two-Sisters* et le brick les *Trois-Amis* et que ce dernier a été payé *d'après l'estimation* (*).

2°. (Cette seconde considération va paroître suffisante.) Que conformément à l'article 6 de la capitulation du Cap, le navire *the Two Sisters* pouvait « *suivre sa destination sans molestation,* » au milieu même des escadres anglaises, s'il n'avait pas été mis en réquisition, et chargé de troupes;

Il sera prouvé que, quelque soit la décision du Conseil d'Etat, il ne peut s'élever aucune autre réclamation de même espèce, et que quand l'équité, et les lois le prescrivent, quand Sa Majesté l'ordonne, à moins d'un entêtement ridicule et fou, on ne peut

----

(*) Dans la liquidation du brick les *Trois Amis*, la Commission s'exprime ainsi : « Remboursement du navire, *d'après* » *l'estimation faite à Saint-Domingue*, déduction faite d'un » 5o^e. conformément au traité d'affrètement, ci . . . . .

s'empêcher de revenir sur la décision dont nous nous plaignons.

On ne voit donc plus de si *graves conséquences* à redouter. Les conséquences d'une injustice sont bien plus graves ; on veut couvrir une injustice par une injustice ; on ne peut plus s'arrêter ; alors gare *les conséquences*.

Mais, pour qu'on ne nous accuse pas d'avoir *déraisonné* là où il fallait *raisonner*, nous allons prudemment laisser parler ici M. Deliège, notre défenseur.

« La révision, dit-il dans une de ses Requêtes, est
» une voie extrême que la loi ouvre aux parties
» contre les décisions définitives ; on trouve une dis-
» position expresse à cet égard, dans le décret du
» 22 juillet 1806. »

» L'article 40 de ce décret est ainsi conçu :

» *Lorsqu'une partie se croira lésée dans ses*
» *droits, ou sa propriété, par l'effet d'une dé-*
» *cision de notre Conseil d'Etat, rendue en ma-*
» *tière non contentieuse, elle pourra nous pré-*
» *senter requête pour, sur le rapport qui nous en*
» *sera fait, être l'affaire renvoyée s'il y a lieu,*
» *soit à une section du Conseil d'Etat, soit à*
» *une Commission.* »

« Ce décret du 22 juillet 1806, est le *règlement*
» *sur les affaires contentieuses portées au Conseil*
» *d'Etat.* Son objet est de régulariser l'instruction
» de toutes les affaires de cette nature, qui sont

» suivies et défendues par le ministère d'un avocat
» *devant la Commission du contentieux.* Les dé-
» cisions qui interviennent sur ces affaires, étant
» précédées de la communication réciproque des
» pièces, et d'un débat contradictoire, ne pourraient
» sans inconvénient, être soumises à un nouvel exa-
» men. Les formes protectrices établies pour la dé-
» fense, font regarder le jugement intervenu, comme
» l'expression de la vérité; tout nouveau recours
» est sévérement interdit.

» Au contraire, lorsque la décision a été rendue
» *en matière non contentieuse*, c'est-à-dire *dans une*
» *matière pour l'instruction de laquelle on ne suit*
» *pas les formes usitées devant le Comité contentieux,*
» rien ne garantissant que les parties ayent été suffi-
» sament entendues, leurs réclamations sont toujours
» accueillies avec faveur; elles sont même invitées,
» en quelque sorte, à les déposer au pied du trône.
» La loi, dans la crainte que le respect ne les arrête,
» leur rappelle qu'elles peuvent présenter au sou-
» verain une *requête* en révision; et tel est l'objet
» de l'article 40 précité, du décret du 22 juillet
» 1806.

» Votre Majesté, en demandant un rapport à son
» Comité du contentieux sur la question de savoir
» si, comme nous le soutenons, nous avons été en
» effet *lésés dans nos droits ou dans notre propriété*,
» n'a donc pas agi arbitrairement; un Roi qui, dans

» les vues de rendre justice à ses sujets, s'appuie sur
» la loi pour satisfaire les nobles mouvemens de son
» cœur, ne sera jamais accusé d'avoir fait un usage
» indiscret de son pouvoir.

» Et qu'on remarque bien cette dernière circons-
» tance ; ce n'est point à Votre Majesté que nous
» nous sommes adressés directement pour obtenir
» justice ; c'est au Ministre des finances, c'est au
» Président même de cette Commission, dont nous
» attaquons les décisions, que nous avons fait par-
» venir nos plaintes ; c'est par son entremise que nous
» avons eu le bonheur d'exciter la sollicitude de Votre
» Majesté ; M. le comte Corvetto est tout à la fois
» un jurisconsulte profond et un homme d'état habile;
» comme jurisconsulte, il a pensé que la revision
» était le seul moyen à employer contre une décision
» définitive, et comme ministre, il n'a vu aucun in-
» convénient à réparer une injustice ; sa conduite
» dans cette affaire est le plus fort argument que
» nous puissions opposer aux motifs de droit et de
» considération, présentés par le Département de la
» marine. »

D'après ce passage de notre Requête au Roi, écrite
par un jurisconsulte aussi éclairé que généreux, nous
ne pouvons douter qu'on ne reconnaisse enfin que la
justice commande rigoureusement la revision que
nous sollicitons. Les ministres passent , la justice

reste. Elle est vraiment la force et le seul soutien des Etats.

C'est parce que nous avons raison, parce que nous en avons le sentiment intime, parce que les lois et les intentions avouées du Prince sont en notre faveur, que nous nous sentons assez forts pour ne pas être impunément victimes d'un déni de justice ni d'un acte de despotisme; assez forts pour dénoncer de parcils actes à Sa Majesté, aux Chambres, à la France; assez forts pour en flétrir à jamais les auteurs.

Les agens français à Saint-Domingue, que personne n'a jamais accusé d'avoir trop respecté la propriété, ont eu néanmoins assez de pudeur pour adopter quelques dispositions conservatrices en notre faveur, quand leurs réquisitions nous ont tout ravi. Une Commission du Conseil d'état de Bonaparte a depuis prononcé notre ruine; mais personne ne nous a représenté près d'elle; la décision qu'elle a rendue est un tissu d'erreurs, parce qu'elle était environnée d'obscurités. L'article 40 du décret du 22 juillet 1806, nous laissait d'ailleurs une voie ouverte pour revenir sur sa décision; et dans tous les pays où il reste une ombre de justice, il est reconnu qu'on peut provoquer la revision de tout jugement qui n'a pas été rendu contradictoirement.

Quand nous l'eussions obtenue de Bonaparte lui-même, si nous n'eussions été continuellement retenus aux armées, qui oserait penser qu'aujourd'hui un ministère méconnût assez toutes les lois de l'équité et de la raison, et les intentions hautement avouées du monarque, pour s'opposer à la revision d'un jugement inique, pour en solliciter au contraire la confirmation?

Ne pourrions-nous pas dire alors avec vérité : notre ruine a commencé sous les agens de Saint-Domingue; une Commission de Bonaparte l'a prononcée; le Ministère de Sa Majesté l'a rendue définitive ; *lui seul a consacré, sans appel, notre spoliation !...*

Qui osera d'après un pareil acte de despotisme, après un déni de justice aussi révoltant, traiter de confiance avec aucun Ministre de Sa Majesté.

Alléguera-t-on que cette dette a été contractée sous le précédent gouvernement ; mais alors c'est la loi, et non l'avis d'un Ministre qui doit prononcer la prescription.

La loi est précise en notre faveur, Sa Majesté en ordonne l'exécution ; et c'est en son nom qu'on veut consommer cet acte d'iniquité !

Nous avons reçu de nombreuses blessures en défendant la Patrie et nous n'avons jamais tremblé au moment d'une bataille ; aujourd'hui qu'il s'agit de nous défendre nous-mêmes contre une spoliation qui, pour prix de nos services et de notre sang, peut consommer notre ruine, nous attendons sans crainte la décision du Conseil d'Etat qui doit prononcer sur notre sort et celui de nos familles ; nous ne pouvons croire que s us un des plus vertueux descendants de Saint Louis, sous un petit-fils de Henri IV, *la proposition de nous étouffer*, faite par un ministère, puisse être adoptée. Nous ne concevons pas encore comment on a osé la faire.

« Ce n'est jamais impunément qu'un magistrat
» s'écarte de son devoir. Il s'élève un cri public ; et
» s'il est un moment où les juges prononcent sur
» chaque citoyen, dans tous les temps la masse des
» citoyens prononce sur chaque juge. Le jugement
» des premiers est légal ; celui des seconds n'est que
» moral ; mais il est encore à décider lequel est
» d'un plus grand poids pour retenir chacun dans le
» devoir. Tout citoyen est sans doute soumis aux
» magistrats ; mais quel magistrat peut se passer de
» l'estime des citoyens ! Dans l'ordre civil, l'action
» des juges sur les particuliers, et la réaction de ces
» derniers sur les juges, forment entre la nation et
» les magistrats un équilibre de respect et d'équité,
» qui fait l'honneur des uns, la sûreté des autres et
» le bonheur de tous. »   (*Mémoires connus.*)

Le Colonel LEGAY-D'ARCY,
Officier de la Légion d'Honneur, Chevalier de
l'Ordre Royal et Militaire de Saint Louis.

Le Chef d'Escadron CREVEL,
Chevalier de la Légion d'Honneur.

RÉPONSES

A QUELQUES - UNES

DES NOTES ANONYMES.

Nous avons cru devoir faire un article à part pour ces Notes, afin de ne point interrompre notre narration.

Ce sont autant de faussetés qu'on voulait transmettre au Comité contentieux, à l'insçu du Ministre, et cependant avec un caractère semi-officiel.

Le Ministre de la marine étant en même temps notre *partie adverse* et l'un de nos *juges*, nous devions nous attendre à rencontrer plus de loyauté dans ses bureaux.

NOTES.	RÉPONSES.
Page 32 de la Re-quéte.	
« M. Voisin n'était »pas surveillant, etc. ; »il était passager. »	M. Voisin, Inspecteur général de la colonie, était passager supérieur à bord du

NOTES.	RÉPONSES.

navire *The-Ewo-Sisters*, qui était à sa disposition *par ordre*; il pouvait donner, et à donné des ordres d'embarquement, ils existent au dossier, il était donc bien plus que surveillant.

« On a profité de » sa présence pour le » visa. »

Il y a une mauvaise foi évidente dans cette assertion; le *visa* était indispensable et nous devions l'obtenir de M. Voisin ou de tout autre administrateur ayant qualité pour le donner, parce qu'on ne pouvait nous le refuser. On nous fait ici un procès de ce que nos pièces sont trop en règle !...

Pages 25 *et* 29.

« L'anonyme vante ». *la probité, même* » *sévère,* du rappor- » teur. »

On ne cite la probité du rapporteur pour en étayer une décision inique.

La requête sera imprimée et livrée au public, l'opinion la jugera, c'est-à-dire la flétrira, parce qu'il n'a pu comme

NOTES.

RÉPONSES.

l'auteur des notes garder l'anonyme.

Page 59.

« La valeur du na-
» vire *les Trois-Amis*
» a été payée, *non*
» *par le motif de l'es-*
» *timation du na-*
» *vire*, mais parce
» qu'elle était stipu-
» lée par l'article 15
» de la Police d'affré-
» tement de ce navire,
» passée *à Brest.* »

La liquidation du brick *les Trois-Amis*, renferme ces mots :

« Remboursement du na-
» vire d'après *l'estimation*
» *faite à Saint-Domingue*,
» déduction faite d'un 5o°.
» conformément, etc. »

Page 5o.

« Il n'a été alloué
» (pour le brick *les*
» *Trois-Amis*) que
» 5o centimes par ton-
» neau. »

Voici le texte de la liquidation de ce navire :

Art. III. « Retention du
» navire au Port-au-Prince,
» du 21 prairial au 3o ther-
» midor, ci. . . . . 5,o4o fr.

Art. IV. » Affrétement du
» Port - au - Prince à Saint-
» Marc, du 20 thermidor au
» 15 f. uctidor, ci. 4,368 fr. »

NOTES.

RÉPONSES.

Il ne faut pas être grand arithméticien pour voir que les surrestaries ont été payées à raison de 20 sous par jour pour 168 tonneaux.

Les bureaux ont les pièces sous les yeux, et voici les extraits qu'ils en font !...

Nous n'avons nous que des notes surprises furtivement, d'un coup-d'œil, et recueillies de mémoire ; mais notre mémoire est sûre, c'est celles des honnêtes gens. Elle vaut les extraits certifiés de l'anonyme.

Dans plusieurs pages.

L'anonyme se plaint des expressions peu mesurées de la Requête.

M. Deliège, notre conseil, pénétré de l'injustice que nous avons éprouvée, a fait valoir nos moyens avec autant de talent que de décence, avec autant de force que de modération ; il connaît les droits et les devoirs de l'honorable profession qu'il exerce ; il a pris une devise qui n'est pas [celle de l'Anonyme :

Fais ce que dois, advienne que pourra.

Nous passons sous silence une foule de notes qui seraient entièrement insignifiantes, si elles n'attestaient l'impuissance de la malignité.

Les bureaux du ministère en ont imposé, particulièrement dans les notes mises aux pages 32, 39 et 50 de la requête ; et cela doit être maintenant regardé comme légalement *prouvé*, s'ils ne nous retorquent pas, en prouvant de suite, à leur tour, l'exactitude des trois notes que nous venons de citer. Ce n'est plus maintenant avec des insinuations anonymes qu'ils pourront inspirer aucune confiance ; leur masque est arraché.

Quand des hommes transmettent de pareilles notes anonymes, quand ils ne s'aperçoivent pas que 600 fr. ne sont pas 47,000 francs, et qu'une décision provisoire n'est pas une affaire terminée, on conçoit que de pareils hommes aient étouffé et proposent encore d'étouffer les plus justes réclamations, en prétextant de *graves conséquences*, et que montrés à nu par nous, parce qu'ils nous y ont forcés, ils se retranchent derrière un ministre homme de bien, dont ils ont abusé la confiance et trompé la religion.

Sous un Roi légitime, il n'y a plus à redouter de
1 otisme

despotisme en France ; et s'il devait s'en élever un nouveau, Noble Français, vous rougiriez trop que ce fût le RIDICULE DESPOTISME DE L'ÉCRITOIRE.

DE L'IMPRIMERIE DE PORTHMANN,

RUE SAINTE-ANNE, N°. 43, VIS-A-VIS LA RUE VILLEDOT.